Gisela Nordmann · Und die Magnolie blüht

Gisela Nordmann
Und die Magnolie blüht

Gedichte, Gedanken, Erlebtes

© 2013 Gisela Nordmann
Satz und Layout: Buch&media GmbH, München
Umschlaggestaltung: Kay Fretwurst, Freienbrink
unter Verwendung einer Fotografie von Gisela Nordmann, Dresden
Herstellung und Verlag: BoD – Books on Demand, Norderstedt
Printed in Germany
ISBN 978-3-7322-3360-1

Inhalt

Vorwort · 7

Das Magnolienblütenblatt · 8

Durch das Jahr

Februar · 11

Frühling · 12

Mai · 13

Maifarben · 14

Die Gartenfreundin · 16

Gartenidylle · 17

Sommerflieder · 18

Sommerhitze · 19

Extreme · 20

In der Straßenbahn · 21

Der Park im Regen · 23

Vom Wandern · 24

Herbst · 25

Oktober am Kiessee · 26

Novembertag · 27

Kommen und Gehen

Wohin? · 31

Wandel · 32

Das Elsternest · 34

Im Universum · 36

»Personenschaden« · 37
Der Junge und der Lokführer · 38
Am Ewigkeitssonntag · 39
Was war · 40

ZEITUMSTÄNDE

Das alte Haus · 43
Ein Ehrenamt · 44
Sprichwörtlich · 46
Nachdenken im März 2011 · 47
Das Kartenhaus · 48
Verwüstung · 49

ICH ÜBER MICH

Rechtfertigung · 53
Erkenntnis · 55
Abgelegen · 56
Unter falschem Verdacht · 57
In der Dresdner Gemäldegalerie · 59
Warum ich kein Feuerwerk mag · 60
Am Neujahrsmorgen auf dem Friedhof · 63
Wie ich den Winter empfinde · 64

REISEERINNERUNGEN

Lukas · 67
Das »Tuk-Tuk«-Erlebnis · 71
Weihnachtliche Reiseimpressionen · 75
Weimar-Epigramm · 78

Die Autorin · 79

Vorwort

Nach den vorwiegend freundlichen Reaktionen auf meine Publikationen »Vertraute Stadt« (2006) und »Wenn der Sommer geht« (2009) fühle ich mich ermutigt, die im vorliegenden Büchlein vereinten Texte zu veröffentlichen. Ich gestehe, dass sich wiederholt der Zweifel in mir meldete, ob ich dieses Wagnis eingehen sollte oder ob es nicht besser sei, das Geschriebene in der Schublade zu lassen, wo manches ruht, das ich in letzter Zeit zu Papier brachte. Immer wieder erliege ich nämlich meinen »literarischen Versuchungen«.

Die folgenden Gedichte, Prosaminiaturen und Reiserlebnisse sind zwar alle in Dresden entstanden. Doch ich denke, sie haben über die Grenzen meiner Heimatstadt hinaus ihre Gültigkeit.

Auch diesmal hoffe ich auf wohlwollende Aufnahme, denn: »Bücher sind nur dickere Briefe an Freunde.«

(Jean Paul)

Gisela Nordmann, im Frühjahr 2013

Das Magnolienblütenblatt

Oh nein, bloß nicht
schon wieder ein Gedicht.
Es soll niemand daran rühren
und schon wieder kritisieren.
Keiner soll das Maul sich wetzen
und mich an den Schreibtisch hetzen.
Die Verse ruhn in stiller Mappe
zwischen Vorder- und Hinterklappe.

Da fällt just ein Blütenblatt
vom Magnolienbaum herab,
meine Absicht wird zunichte
und nun doch ich wieder dichte!

Durch das Jahr

Februar

Amseln auf Zweigen
Wintergrafik filigran
Schneeglöckchen grün-weiß

Frühling

Neue Hoffnung erwacht,
wenn ein Pferd seinen Pflug zieht im Märzen.
Scholle um Scholle bricht auf,
fruchtbar und saatbereit.

Mai

Heckenrosenduft.
Schwalben bringen den Sommer.
Scheinbar heile Welt.

Maifarben

Mein Mai ist grün,
grün wie das junge Korn
und der Wald auf den Hügeln.
Grün wie das Moos
auf verwitterten Grabsteinen
und der junge Efeu,
der sie umrankt.

Gelb ist mein Mai,
gelb wie die Sumpfdotterblume
am Bach
und der blühende Raps
auf dem Feld.

Manchmal ist er auch violett,
violett wie der Flieder
am Zaun
und das Veilchen,
das ich so mag.

Aber auch blau ist mein Mai,
blau wie die Glockenblume
hinterm Haus
und der Rittersporn
im Garten.

Und rot leuchtet mir
am Wegesrand
der Mohn.

Mein Mai ist farbenfroh,
farbenfroh wie der Regenbogen
über dem wechselvollen Strom
meines Lebens.

Die Gartenfreundin

Sie lebt inmitten
von Rosen und Margeriten,
auch Akelei
und Lavendel sind dabei,
und am Zaune erquicken
zartrosa Wicken.
Nelkenduft durch den Garten zieht,
die Vögel zwitschern ein fröhliches Lied.
Immer blüht es weit und breit
prächtig zu jeder Jahreszeit.
Es ist, als leuchte ein heiteres Licht.
Doch: Ohne Arbeit geht es nicht.
Manchmal ist sie nicht gern allein,
dann lädt sie sich nette Gäste ein.
Unangenehm sind ihr nur die Schnecken.
Die entsorgt sie hinter den Buchsbaumhecken!

Gartenidylle

Malven
vor dem Haus, dem reetgedeckten.
Malven,
ihre hochragenden Stängel geschmückt
mit Blütentellern
medaillengroß, tiefgründig,
purpurn, dunkelrot, rosa.
Am Wegrand ihre kleinen Schwestern
neben Schafgarbe und Nachtkerze,
unscheinbar.

Ich mag Bescheidenheit.
Dennoch bewundere ich sie,
jene riesigen Malven, im Volksmund
Stockrosen oder Bauernrosen genannt.
Der Anblick der stolzen Blumen
öffnet mein Herz.

Sommerflieder

Nun blüht er wieder,
der Sommerflieder,
lockt Falter an und Pfauenaugen,
die Nektar aus den Blüten saugen.
Die Kinder, die ihn blühen sehn,
rufen bewundernd: Oh, wie schön!
Und holen herbei die Kreide schnell.
In lila Farbe und Pastell
erblüht auf dem Asphalt sogleich
ein Strauch mit Schmetterlingen reich.
Ich staune, denn ich darf erkennen
wie genau doch die Kinder malen können.

Sommerhitze

Das Gras verbrannt.
Zur Steppe geworden
die nahe Wiese.
Doch im trock'nen Rasen leuchten
die Blüten der Wegwarte,
himmelfarben.

Am Abend der Grillen
Eintongesang
scheint mir ein Klagelied
für die blaue Blume.
Auch sie ist ausgeliefert
der Glut.

Erst als ein Regen
niederrinnt,
höre ich die Grillen
froh.

Extreme

Wenn Wolken Regen versprechen und lügen
und wenn die Wetterregeln trügen,
wenn keine Kühle bringt die Nacht,
wenn Stunde um Stunde durchgewacht,
wenn alles schwitzt in verdunkelten Räumen
und auch das Laub welkt an den Bäumen,
wenn Getreide vertrocknet, der Rasen verdorrt,
wenn Feuer lauert an jedem Ort,
wenn die Elbkähne vertäut am Kai
und im Park keine Bank im Schatten mehr frei,
wenn der Asphalt schmilzt in der Sonnenglut,
bedrohen uns später dann Wasser und Flut?

In der Straßenbahn

An einem Sonntagmorgen im August fuhr ich mit der Straßenbahn zum Schwimmbad. Die Bahn war erstaunlich gut besetzt. Einige Fahrgäste hatten sich in ein Buch vertieft. Sie hörten nichts und ließen sich nicht stören. Doch mein Buch blieb geschlossen. Ich wurde zu sehr abgelenkt und ungewollt Zeugin von Gesprächen:
Einige Fahrgäste hatten Streit mit ihrem Vermieter wegen defekter Rohrleitungen und ärgerten sich über ihre Nachbarn, die mitunter bis spät in die Nacht bei lauter Musik feiern würden. Ich kannte das Haus.
Ein junges Paar studierte die Wohnungsanzeigen in der Tageszeitung. Laut wurde die Adresse genannt und bemerkt: »Der Preis geht eigentlich, den Bau nehmen wir.« Ich wusste nun genau, wohin die jungen Leute ziehen wollten.
Geradezu belästigend empfand ich, wie sich eine junge Dame in pausenlosem Redeschwall per Handy mit einer Freundin unterhielt und dieser schließlich auch noch den Treffpunkt für ihr nächstes Rendezvous verriet. Der Ort war mir bekannt.
Warum bezogen diese Menschen mich so rücksichtslos und ungeniert in ihr Leben ein?
Warum ließ ich mich einbeziehen?

Endlich konnte ich die Straßenbahn verlassen.
Das Bad erlöste mich von dem unangenehmen Stimmengewirr. Beim Schwimmen vergaß ich – Zug um Zug – fast alles. Ich fühlte, wie das Wasser alle Last von mir nahm. Nur die Freude auf einen anschließenden Spaziergang durch stille Winkel des Großen Gartens blieb.

Dort erholte ich mich vollends. Ich ging zum schillernden Mosaikbrunnen, vorbei an den Splittereichen zum Palaisplatz, erfreute mich an seiner schönen Sommerbepflanzung und lenkte dann meine Schritte wieder zur Straßenbahn, um den Heimweg anzutreten. Als ich eingestiegen war, winkte mir eine Sportfreundin zu und bat mich, neben ihr Platz zu nehmen. Sie wollte mir unbedingt von ihrer Urlaubsreise ins Berner Oberland berichten, die sie gerade beendet hatte. Schnell waren wir in ein Gespräch vertieft und verfielen lauthals ins Schwärmen, kannte doch auch ich die schönen Almwiesen auf der kleinen Scheidegg, hatte ehrfürchtig vor der Eiger-Nordwand gestanden und über die vielen Japaner in den Bergbahnen gestaunt. Worüber sich die anderen Fahrgäste unterhielten, nahmen wir gar nicht wahr.

Uns gegenüber saß eine Dame und las, vielmehr, sie versuchte es. Offenbar fühlte sie sich von unserem Geplauder gestört und klappte ihr Buch entrüstet zu. Es war kaum anzunehmen, dass sie an unseren Reiseerlebnissen interessiert war.

Der Park im Regen

Einsam der Platz, den ich so gern besuche,
nur eine kleine Burg aus Kies und Stöckchen
zeugt von vergangenem Kinderspiel.
Die alten Linden werfen keinen Schatten,
die Bänke leer, die Vögel singen nicht.
Bloß Regen, Regen geht geräuschvoll nieder
und setzt einen Vorhang
vor den sonst so herrlichen Park.
Mein Blick getrübt, das anmutige Bild
nicht wiederfindend.
Dennoch: Ich atme frei, dankbar
für manch erquickende Stunde
in diesem vertrauten Paradies.
Und während ich
die überschwemmten Wege durchwate,
springen munter zwei Eichhörnchen flink vorbei.
Die Natur erholt sich
und ich erhole mich auch.

Vom Wandern

»Bergig« war die Strecke benannt,
die wir gingen übers hohe Schönfelder Land.
Dort gab es viele Hügel, die uns unbekannt,
die Karte zerfetzte der Wind in der Hand.
Wir wanderten weiter durch Feld und Flur.
Doch die Hügel und Dörfer, wie hießen sie nur?
Eine andere Gruppe mit forschem Schritt
dann heftig eine Weile mit uns stritt.
Da sagte jemand mit heit'rem Gesicht:
»So wichtig sind doch die Namen nicht.
Genießet einfach den schönen Blick
und schaut froh auf die herrliche Landschaft zurück!«

Herbst

Goldenes Blatt eines Ahorns,
Kastanien aus Kinderhänden.
Freundliche Gaben im Herbst,
tröstend in schwieriger Zeit.

Oktober am Kiessee

Die Sonne legt einen blendenden Steg über das Wasser.
Tanzende Mücken im Abendlicht.
Ruhig ziehen die Wasservögel ihre Bahn.
Schilfähren wogen im herbstlichen Wind.
Plätschernde Wellen über dem Kiesbett des Sees.
Das Ufer schaumgesäumt, leider.
Schon winterfest die umliegenden Gärten,
nur ein paar Kürbisfratzen grinsen Halloween entgegen.
Mein Schatten so lang, als ging ich auf Stelzen.

Novembertag

Kahl steht schon der Baum.
Die Zeit gleitet vorüber
auf nassem Herbstlaub.

Kommen und Gehen

Wohin?

Heuschreck im Haus,
fand nicht hinaus,
war benommen,
sah verschwommen.
Hab ihn gepackt,
wurde gezwackt.
Ließ ihn leben,
wollte ihm die Freiheit geben.
Setzte ihn hier
vor die Tür.
Er sprang davon
über Beton,
suchte das Grün …
Wohin?

Wandel

Es kommt die Flut,
nimmt sich das Land
an einem Frühlingstag
im März.

Ihr folgt ein Schwan,
der gleitet sanft,
quert still den ungewollten
See.

Dann hüllt die Nacht
die Dämme ein,
dahinter Angst die Menschen
quält.

Bange Blicke
vor das Haus,
zur Treppe, wo das Wasser
steigt.

Aufatmen erst,
als sacht der Fluss
zurückweicht und das Land
freigibt.

So wie er kam,
geheimnisvoll,
verschwindet leise nun
auch der Schwan.

Und wo die Flut
bedrohlich stand,
wächst üppig jetzt der Wiesen
Grün.

Das Elsternest

Auf den Wegen noch Schnee
und Eis auf dem See.
Doch hoch oben im Pappelgeäst
wartet vom Vorjahr ein Elsternest.
Ein dornig geflochtener Korb mit Dach.
Die Altvögel kluge Meister vom Fach.
Für mich war das Bau'n
bewundernd zu schau'n.

Und wie ich seh,
schon in der Näh'
die Elstern, sie verteidigen ihr Nest.
Aber wehe,
es wagt eine Krähe
anzufliegen den Elsterbaum,
man glaubt es kaum.
Mit großem Geschrei
verjagen die zwei
das größere Tier.
»Hier ist unser Revier!«

Mein Nachbar kann Unmut nicht verhehlen,
Elstern seien Räuber, die Silber stehlen,
und sie seien voll Niedertracht,
eine Taube hätten sie umgebracht.
Auch würden sie ihn beim Mittagsschlaf stören,
er könne das zeternde »Schack-Schack« nicht mehr hören.
Nun haben auch Elstern ein Recht auf Leben
und dürfen ihr Leben weitergeben.

Nicht immer jedoch ist ihr Dasein voll Glück.
Zehn Monate denk ich jetzt zurück:
Da brüteten sie ihre Jungen aus.
Die sperrten hungrig die Schnäbel auf.
Vater und Mutter
suchten emsig nach Futter.

Doch eines Tages ist das kleinste von allen,
ich weiß nicht wie, aus dem Nest gefallen.
Mir war, als wenn es ängstlich riefe,
bevor es vom Baum stürzte in die Tiefe.
Ich vernahm der Eltern klagenden Ton –
und: Die Katze wartete schon.

Im Universum

Götter
wandeln
im Licht erloschener Sterne,
suchen neue Orte
zwischen glühenden Welten.
Erdung nirgends.

Himmelskörper bersten,
taumeln durchs donnernde Chaos,
enden
in der Schwärze der Nacht
in Sekunden,
die waren.

Da, plötzlich
irgendwo in eines Tages Blau
Gedanken –
vergegenständlicht
Botschaften
für kommende Zeiten.

Und die Götter
wandeln
weiter.

»Personenschaden«

Ein plötzlicher Halt
auf freier Strecke.
»Personenschaden«,
meldet die Bahn.
Ein Mensch ohne Hoffnung,
enttäuscht, gequält,
gefangen in sich,
entbehrte Nähe.

Der Nachlass geordnet,
ein Brief geschrieben,
die Brücke erreicht,
noch vor dem Zug.

Den Ausweg gefunden,
die Not beendet,
sein Leben auf den Gleisen
gelöscht.

Der Zug fährt weiter,
mit Verspätung.
»Personenschaden«,
meldet die Bahn.

Der Junge und der Lokführer

Der Junge an der Modelleisenbahn
bedient Signale und Weichen,
lässt Züge ihr Ziel erreichen.
Einmal Lokführer sein, welch verlockender Plan.

Der Lokführer erinnert sich gleichfalls der Bahn
mit ihren Signalen und Weichen.
Doch noch immer lässt ihn erbleichen
der Mann vor dem Zug. Warum hat er's getan?

Der Junge möchte gern Lokführer sein,
schnell fahren über die Schienen.
Heil ist für ihn noch die Welt.

Der Lokführer möcht' wieder Junge sein,
die Modelleisenbahn bedienen,
frei von dem Schreckensbild, das ihn quält.

Am Ewigkeitssonntag

Ich suche Dich
Auf dem Friedhof
Nur Dein Grab
Im Album
Nur Dein Bild
Wo bist Du?
Ich finde Dich
In meinen Träumen
Unsterblich
Mir nah
Immer.

Was war

Rosen auf Gräbern, Lebensbäume.
Namen in Stein gemeißelt.
Geburtsdatum, Sterbetag.
Persönlichkeiten einst.
Ihr Wirken wohl unvergessen.
Erlebnisse, Gedanken, Gefühle –
vielleicht aufgeschrieben.
Geheimnisse – mitgenommen
in die Ewigkeit.

Zeitumstände

Das alte Haus

Das Haus, das einst bess're Zeiten sah,
es steht nun recht verlassen da.
Einem Lattenrost gleicht das Dach
und die Fensterhöhlen, ach,
wirken finster und auch trist,
weil das Glas geborsten ist.

Die Zimmer sind nicht mehr möbliert,
alles hier ist ramponiert.
In der Wand, da fehlen Ziegel,
an der Tür dort ist kein Riegel.
Und es lebt im ganzen Haus
niemand mehr, weder Katz noch Maus.

So ist nun mal der Gang der Welt,
was nicht gepflegt wird, das zerfällt.
Doch vom Baume hinterm Zaun
seh ich Kinder Kirschen klau'n.

Ein Ehrenamt

Es war einmal ein Ehrenamt,
das wollte niemand haben.
Nur für die Ehre, nicht für Geld,
mocht' sich wohl keiner plagen.

Man braucht jedoch an jedem Ort
sehr viele helfende Hände
für Wohlfahrtspflege, Kultur und Sport
und sonstige Verbände.

Da gab es einen, der lange schon
das Amt mit Umsicht verwaltet
und der die Hände – wie bekannt –
nie tatenlos gefaltet.

Der sprach: »Es ist nun an der Zeit,
dass ein and'rer mein Amt übernehme.
Vielleicht ist einer von euch bereit,
der sich dazu bequeme?«

Doch alle meinten, das sei nicht ihr Ding.
Es war wie in qualvollem Traume.
Und an dünnem Faden hing
ein Damoklesschwert im Raume.

Nach einem Jahr dann fiel das Schwert,
der Faden war gerissen.
Weil Geld jetzt mehr als Ehre wert,
hat man sich auflösen müssen.

Das arme Ehrenamt – es trug
danach sich selbst zu Grabe.
Kein Leichenfest, kein Trauerzug
kein klagendes Gehabe.

Doch immer, wenn der Donner grollt,
dann hockt es zwischen den Steinen.
Man hört es voll Gram über Geld und Gold
verlassen und bitterlich weinen.

Sprichwörtlich

Spinne am Morgen,
was wirst du mir bringen?
Ihn?

Er kommt, ungebeten,
sympathisch, freundlich,
unter einem Vorwand
Einlass begehrend.
Ich gebe seiner Bitte nach.

Da,
in seiner Hand ein Vertrag,
vorgefertigt.
Ich unterschreibe, warum?

Am Abend Zweifel.
Widerspruch.
Die Spinne nun
erquickend und labend.

Nachdenken im März 2011

Krokus grüßt und Winterling,
Christrose blüht versteckt,
Schneeglöckchen läutet, leis', beschwingt,
der Tauber die Taube neckt.

Ein Leuchten und Blühen schon hier und dort,
heut' hab ich den Frühling erlebt
und wäre der glücklichste Mensch am Ort,
hätt' nicht neulich die Erde gebebt.

Die Erde hat einen glühenden Kern,
haben wir das vergessen?
Sie zu beherrschen, davon träumen wir gern,
doch unmöglich ist das und vermessen.

Die Erde unterliegt der Macht der Natur,
daran wird nicht gerüttelt,
und will diese höhere Macht es nur,
werden wir einfach abgeschüttelt.

Dennoch ist es wunderbar,
auf diesem Rund zu wohnen,
und aller Menschen Pflicht fürwahr,
Land, Wasser und Leben zu schonen.

Das Kartenhaus

Wir saßen sorglos
am Tisch,
der reich gedeckt.
Fern das japanische Leid.

Aus Karten bauten die Kinder
ein Haus.
Erdbeben, sagten sie,
als es einstürzte.

Verwüstung

Wieder einmal bin ich entsetzt:
Im Großen Garten muss ich sehen,
einer Griechin aus Stein fehlen Finger und Zehen,
Chaoten haben sie verletzt.

Blumenrabatten wurden zerfetzt,
Bänke beschädigt unter den Schlehen,
und ich kann es nicht verstehen:
Hat sich keiner widersetzt?

Wer klärt das Warum und das Weswegen?
War es Übermut oder Frust?
Wer bändigt diese Außenseiter?

Ihre Reue wäre ein Segen.
Waren sie sich ihrer Tat bewusst?
Wenn nichts geschieht, dann machen sie weiter.

Ich über mich

Rechtfertigung

Nicht im Garten
grabe ich,
nicht Gemüse
pflanze ich,
keine Beeren
ernte ich –
in meinen Texten
wühle ich.

Nicht am Herde
stehe ich,
nicht in Töpfen
rühre ich,
keine Kuchen
backe ich –
Wörter
menge ich.

Nicht mit Nadeln
nähe ich,
nicht mit Garnen
häkle ich,
keine Kleider
schneid're ich –
Verse
stricke ich.

Nicht nach Zinsen
jage ich,
nicht auf Wetten
hoffe ich,
keinem Glücksspiel
fröne ich –
zu dichten,
das versuche ich.

Erkenntnis

Ein gutes Gedicht zu machen ist für mich schwere Arbeit.
Ein gutes Gedicht zu hören ist mir eine Freude.
Ein gutes Gedicht zu lesen ist mir Erbauung.
Ein gutes Gedicht zu verstehen aber ist
ein Erlebnis
für mich.

Abgelegen

Ich mag diese Orte,
wo jeder Baum ein Naturdenkmal ist,
wo Fachwerkhäuser Geschichten erzählen,
wo Efeu und Heckenrosen über bröckelndes Mauerwerk
klettern,
wo die Kinder jeden Fremden grüßen im Dorf und
wo die alten Leute in Erinnerungen schwelgen.
Ich mag diese Orte,
aber nur einen Tag lang.

Dann zieht es mich zurück
in meine Stadt.
Am Wege ein Wald aus Windrädern,
Felder mit Raps und
die kommende Zeit.
Offen will ich ihr begegnen.

Unter falschem Verdacht

»Sie sind doch Biologin?« Wenn ich so angesprochen werde, nehme ich unwillkürlich eine Abwehrhaltung ein. Allzu oft werden meine Kenntnisse überschätzt. Auch wissen die meisten Leute nicht, wie stark die Spezialisierung der Akademiker in heutiger Zeit vorangeschritten ist. Leibniz soll das letzte Universalgenie gewesen sein, und der ist bekanntlich schon 1716 gestorben.

Einmal hat mich jemand gefragt: »Wie alt kann eigentlich eine Stubenfliege werden?« Damit war das natürliche Lebensalter gemeint und nicht etwa die Zeitspanne, die durch eine Fliegenklatsche oder am Klebestreifen endet. Da ich es nicht wusste, gab es für mich zwei Antwortmöglichkeiten:

Die eine hat mir kurz nach Beginn meiner Tätigkeit in einem Forschungslabor mein damaliger Abteilungsleiter empfohlen. »Wenn der Professor Sie etwas fragt, bleiben Sie ihm nie eine Antwort schuldig. Sagen Sie in jedem Fall etwas, Sie können sich ja später korrigieren!« Glücklicherweise bin ich nie in eine solche Situation gekommen.

Die andere Möglichkeit besteht in einem ehrlichen »Ich weiß es nicht« und in der Verpflichtung, der Sache auf den Grund gehen zu wollen. Und diesen Weg bevorzugte ich auch in diesem Fall.

Kurzum, das Alter der Stubenfliege kannte ich also nicht. Wohl hätte ich, die ich auf dem Gebiet der Technischen Mikrobiologie bewandert war, dem Fragesteller etwas über die Gewinnung von Mutterkornalkaloiden im Tieftankverfahren erzählen können oder etwas über die Züchtung und Erhaltung von Antibiotika bildenden Pilz- oder Bakterienstämmen. Auch war ich Herrin über Millionen, ja Milliarden

Mikroben gewesen, die ich in Reagenzgläsern und anderen Laborgefäßen kultivierte, aber über Stubenfliegen wusste ich nur wenig. Sie waren ohnehin in den sterilen Räumen meines Arbeitsbereiches nicht vorhanden.

Also wandte ich mich an einen befreundeten Zoologen, aber auch der war sich nicht sicher und verwies mich an einen Studienkollegen, der sich auf Insektenkunde spezialisiert hatte. Noch ehe ich entsprechende Schritte unternehmen konnte, kam Hilfe von einer ganz anderen Seite: Mein Enkel befragte das Internet: Die Antwort lautete:»40 Tage!« Offen gesagt, ich mag das Internet nicht sonderlich. Nun aber werde ich mich wohl doch mit diesem System anfreunden müssen.

In der Dresdner Gemäldegalerie

Der Semperbau am Zwinger ist mir ein Tempel. In seinem Inneren blicken irdische, mythische und auch himmlische Gestalten auf mich herab, einst von Malern auf Holz oder Leinwand gebannt. Sie nehmen mich mit auf eine Zeitreise.

So scheint mich Papst Sixtus, auf Raphaels Gemälde neben der Madonna kniend, in das Geschehen einzubeziehen, als lade er mich ein, die Gottesmutter auf ihrem Weg zur Erde zu begleiten. Unzählige Engelswölkchen umschweben sie, wenn sie das Jesuskind zu den Menschen trägt. Dann bin ich gefangen von den Farben und vom Licht und von den Legenden und glaube an das Wunder der Weihnacht wie wohl auch der Maler einst.

Warum ich kein Feuerwerk mag

Ein Ereignis aus Kindertagen geht mir nicht aus dem Sinn, ein Ereignis, das wir aus sicherer Entfernung vom heimatlichen Hof im anhaltischen Hoym aus beobachteten, meine Mutter, meine Großmutter, meine Tante und ich, am Abend des 7. März 1945.

Damals war ich neun Jahre alt. Oft sehe ich sie vor mir, die sogenannten Weihnachtsbäume, am Nachthimmel über den Stallungen – Leuchtspuren, gesetzt von Aufklärungsflugzeugen aus dem Land jenseits des Kanals und aus Übersee. Es ist Krieg.

Wir fragen uns: »Welche Stadt wird heute angegriffen werden?« Am nächsten Tag erfahren wir es aus dem Rundfunk: Dessau – ca. 60 Kilometer östlich von Hoym gelegen – wurde schwer zerstört.

Dann erschien meine Schwester. Sie kam aus Oranienbaum, wo sie an der Lehrerbildungsanstalt studierte. Sie hatte den Angriff aus näherer Entfernung miterlebt und auch evakuierte Bombenopfer in ihre Notunterkünfte im Ort begleitet. Noch heute erinnert sie sich an die stummen und verängstigten Menschen.

Seit 1955 wohne ich in Dresden. Seiner Zerstörung im Zweiten Weltkrieg wird jedes Jahr am 13. Februar gedacht. An diesem Tag läuten alljährlich abends in der ganzen Stadt die Glocken. Das ist sehr ergreifend.

Doch wenn an Silvester Raketen knallen und der Nachthimmel vom Feuerschein erhellt wird, werden die alten Erinnerungen in mir wieder wach.

Ich verfolge das Spektakel vom Fenster beziehungsweise

vom Balkon meiner Wohnung am Stadtrand aus. In meinen Vorstellungen ist das neue Jahr eine Gestalt, die die Bühne der Zeit gern in aller Stille betreten würde, nur begleitet vom Klang der Kirchenglocken und dem Licht der Sterne am Firmament. Doch der Glocken mahnender Ruf verhallt ungehört im Böllerlärm, und die Sterne werden überblendet von Leuchtfontänen.

Im Fernsehen wird die angeblich größte Silvesterparty des Jahres – eine sogenannte Megaparty – aus Berlin übertragen. 60 Kilometer weit soll man die Lichtshow in natura sehen können.

Die Tiere erschrecken und leiden. Vögel irren in der Nacht umher. Leucht- und Lärmsignale haben im Tierreich nämlich eine eigene Bedeutung, dienen zur Orientierung, als Warnung, begleiten den Beutefang oder werden zur Verteidigung des Lebensraumes eingesetzt. Auch auf Donner und Blitz reagieren tierische Lebewesen. Muss man sie verunsichern?

Der Menschen begeistertes »Ah!« und »Oh!« wird jäh unterbrochen durch ein Martinshorn: Wurde jemand verletzt beim Zünden eines Batteriefeuerwerks? Diese Knallkörper enthalten bis zu 500 Gramm Nettoexplosivstoff, also Schwarzpulver! Sie tragen so zugkräftige Namen wie »Golden Queen«, »Cosmic Stars« oder »Orion«. Hat man die Sicherheitsbestimmungen ignoriert? Wurde billiges Material aus dem Ausland verwendet? Oder war Alkohol im Spiel?

Über der Stadt ein Feuerschein. Später verpesten Rauchschwaden die Luft.

Ein Mann pisst hinters Haus.

Am Morgen nach der Silvesterschlacht sieht man hässliche Flecken auf dem Schnee, die die Raketen hinterlassen haben. Die Straßen sind übersät mit Flaschen, Pappe, Papier und Knallerresten. Wem gefällt der Müll? Ein Hund tut meiner

Meinung nach das einzig Richtige: Er hebt das Bein! Ein Krähenschwarm fliegt kreischend davon.

In der ersten Ausgabe meiner Tageszeitung im neuen Jahr lese ich von Polizei- und Feuerwehreinsätzen in der Nacht zum 1. Januar wegen Sachbeschädigung, Schlägereien, Diebstählen, gesprengter Briefkästen, brennender Container und Balkons, Wohnungseinbrüchen! Auch die Notärzte hätten viel zu tun.

Nur die Hersteller und Verkäufer der Leuchtkugeln, Böllerschüsse und Raketen zeigen sich zufrieden. Es war wieder ein gutes Geschäft, berichten sie.

Sicher gehen in ihre Bilanz vor allem auch die Großfeuerwerke ein, die kontrolliert und professionell von diversen Veranstaltern inszeniert werden, und das nicht nur zu Silvester.

Am Neujahrsmorgen auf dem Friedhof

An diesem ersten Tag des Jahres wirkt der Friedhof besonders still. Geordnete Erinnerung statt des Chaos auf den Straßen. Noch wurde ein Tabu in der Silvesternacht nicht gebrochen, die Ruhe der Toten nicht gestört. Raketenknall und Böllerschüsse sind verhallt. Efeu macht mit seinem Grün sich breit und den Platz zum Lebensort. Zuversichtlich kehre ich zurück in die laute und unsichere Welt.

Wie ich den Winter empfinde

Schnee gestern.
Schnee heute.
Schnee morgen.
Immer wieder neue Sorgen.
Diese Tage sind sehr kalt,
selbst der Stadtpark ein Märchenwald.
Allmählich stört mich die Pracht, die weiße.
Hoffnung: die nächste Urlaubsreise.

Reiseerinnerungen

Lukas

An einem Tag im August war ich, aus Wilhelmshaven kommend, in Oldenburg in den Intercity nach Leipzig gestiegen. In grüner Leuchtschrift stand über dem Platz neben mir: Reservierung von Braunschweig bis Magdeburg. Wer würde dann mein Nachbar sein? Eine sympathische oder eine unsympathische Person? Ein Mann oder eine Frau?

14 Uhr Ansage im Zugfunk: »Wir erreichen in wenigen Minuten Braunschweig und verabschieden uns von den Reisenden, die dort aussteigen.« Ankunft 14 Uhr 08. Nachdem der letzte aussteigende Gast den Wagen verlassen hatte, drängten die neuen Fahrgäste durch die sich automatisch öffnende Abteiltür, immer mit Blick nach oben: »Wo ist mein Platz?« Die Leute erinnerten mich an den »Hans Guck-in-die-Luft« aus dem »Struwwelpeter«. Plötzlich erschien ein Junge, der wie Harry Potter aussah: schwarzes, struppiges Haar, Hornbrille. Sogar einen Stab trug er in der einen Hand. Einen Zauberstab? Doch es war wohl eher ein Stäbchen und ich würde schon noch herausfinden, wozu es gut war. Mit der anderen Hand schob er eine große Sporttasche vor sich her und steuerte zielgerichtet auf meinen Nebenplatz zu. »Hallo, ich bin Lukas. Das ist mein Platz.« Geschickt, als ob schon oft geübt, verstaute er die Tasche unter seinem Sitz und stellte den Rucksack neben sich. Er klappte den Tisch, der an der Rückenlehne seines Vordermannes angebracht war, herunter, und mit der Bemerkung »Ohne Lego kann ich nicht sein« packte er eine Tüte mit Bausteinen und Zubehör aus. Ein halb fertiges Wikingerboot kam zum Vorschein. Das Stäbchen in seiner Hand entpuppte sich als Segelmast, den er flink in das Raster einsteckte. Einen

Seefahrer mit gehörntem Helm stellte er dazu, setzte die Segel auf und brachte eine Galionsfigur an. Ich erzählte ihm von meinen Großneffen und -nichten, die – noch im Kleinkindalter – auch schon mit Legobausteinen spielen, allerdings im Großformat.

»Ja, Lego ist klasse. Man kann viele berühmte Gebäude nachgestalten und auch neue erfinden. Und weil ich das so gerne mache, werde ich auch Architekt!«. Er käme in die siebte Klasse. Ob er gut in Zeichnen und Mathe sei, frage ich wegen des Berufswunsches.

»Mathe geht und im Zeichenunterricht bekommen mein Freund und ich immer Sonderaufgaben, zum Beispiel gestalten wir gerade ein Modell vom Freiburger Münster.« Ich wollte es kaum glauben, dass es sie noch gibt – Lehrer, die Talente erkennen und fördern. Ja, er wohne in Freiburg und dort sei der Dom kein Dom, sondern eben ein Münster. Wie sich alles fügte. War ich doch gerade in Freiburg gewesen, hatte die Bächle gesehen, jene kleinen Wasserkanäle, die viele Straßen der Stadt durchziehen, und wusste doch nicht mehr, wozu sie im Mittelalter gedient hatten. Als Viehtränke? Als Abwasserkanäle? »Zur Brandbekämpfung«, klärte Lukas mich auf. Und er lachte, als ich von den Toren erzählte, die in meinem Album auf Ansichtskarten prangen mit der Unterschrift: »Leider nicht gesehen« – das Schwaben- und und ... das Martinstor. Gut wusste er Bescheid über seine Heimatstadt.

Gedankensprung: »Haben Sie den Film *Zwei Männer und ein Baby* gesehen? Der eine war Architekt und hat Spielplätze gebaut. Das könnte ich mir auch vorstellen.«

Inzwischen hatte er mit flinken Fingern das zweite Wikingerboot angefangen.

»Und woher kommen Sie?«

»Aus Dresden.«

»Dort gibt es doch die Frauenkirche?«

»Ja, und sogar ein Legomodell davon! Bei Karstadt im fünften Stock«.

Er staunte. »Wie groß?«
Ich glaubte mich zu erinnern, dass es im Maßstab 1:30 und aus etwa 500 000 Steinen errichtet worden war, sehr originalgetreu aus dunkelgrauen Trümmersteinen und neuen hellen Steinen. Das Ganze war eine Spendenaktion gewesen, jeder Stein hatte fünf Euro gekostet.

Leider habe er das Modell nicht gesehen. Aber er sei schon einmal mit seinem Bruder und seinen Eltern in Dresden gewesen, bei seinem Onkel. Das sei ein ulkiger Kauz, der habe keinen Teppich im Wohnzimmer, nur Dielen, und Regale von Ikea, und das Klo eine halbe Treppe tiefer. Geschlafen hätten sie auf Luftmatratzen und gefrühstückt im Kunsthof. Ich musste nicht drei Mal raten, um auf die Neustadt zu kommen.

»Wie alt ist denn dein Onkel?«
»22, Student.«
Er sei der Cousin seines Vaters und die beiden verstünden sich prima. Dabei sei sein Vater schon 35, wie seine Mutter.

Der Onkel habe ihnen die Elbe gezeigt und sei mit ihnen in einem Vergnügungspark gewesen, auf einer Insel, cool. Erst später fiel mir ein, es könnte die Vogelwiese gewesen sein, die zeitweise auf dem Volksfestgelände an der Marienbrücke stattfand. Jetzt führe er auch wieder an die Elbe, zu seiner Oma nach Magdeburg.

Das Handy in seiner Hosentasche klingelte. Es war die Oma. »Wir sind gleich da, ich glaube um 15 Uhr«.

Noch ein Mal klingelte das Handy:
»Ja, Mutti, mit dem Umstieg in Braunschweig hat alles geklappt. Die Frauen von der Inneren Mission, die du angerufen hast, haben mir geholfen. Sie haben mir auch gezeigt, wo ich sitze.«

Und während ich noch von meinem Enkel erzählte, der in den Ferien auch oft bei uns gewesen und nun aber schon 20 sei, setzte er die Unterhaltung logisch fort mit der Frage:
»Dann sind Sie wohl schon Urgroßmutter?«

Wieder meldete sich der Zugfunk: »Wir erreichen in Kürze Magdeburg und verabschieden uns von den Reisenden, die dort aussteigen.«

Die Legobausteine samt Wikingerzubehör verschwanden im Rucksack. Fast wehmütig blickte ich dem Jungen nach, der sich unbeschwert und aufgeschlossen mit Leichtigkeit die Welt zu erobern schien. Selbstbewusst strebte er dem Ausgang zu, nicht ohne sich vorher höflich verabschiedet und gute Weiterreise gewünscht zu haben. Er war einer der angenehmsten Mitreisenden, denen ich je begegnet bin.

Draußen auf dem Bahnsteig wartete die Oma.

Das »Tuk-Tuk«-Erlebnis

Der Quizmaster fragte: »Wie heißt das dreirädrige offene Kraftfahrzeug, das die größeren Städte Thailands beherrscht?« Der Kandidat wusste die Antwort nicht. Er rätselte und rätselte, schloss die eine Antwortmöglichkeit aus und war sich bei den anderen auch nicht sicher.

Hätte ich doch auf jenem Stuhl gesessen statt vor dem Fernseher. Ich hätte die Frage eindeutig beantworten können, nicht nur »aus dem Bauch heraus«, wie es heute so schön heißt. Und ein schönes Sümmchen Geld hätte ich obendrein noch gewonnen.

Nun, ich saß nicht auf jenem Stuhl und gewann demzufolge auch kein Geld. Im Gegenteil, ich hatte einiges ausgegeben und zwar für eine Thailandreise im Jahr 2002. Daher kannte ich auch das Tuk-Tuk, eine Art motorisierte Rikscha. Und auf einmal erinnerte ich mich daran, wie ich damit Bekanntschaft machte:

Bis zum Abendessen um 19 Uhr im Hotel wollte ich mir noch ein wenig Chiang Mai, die zweitgrößte Stadt des Landes, ansehen. Bis zum Nachtmarkt wollte ich die Händler beim Aufbau der Stände beobachten. Ich spazierte die Hauptstraße entlang, stellte fest, dass ich hier bei ECCO für meine Schuhe nur die Hälfte dessen bezahlt hätte, was ich in Dresden dafür ausgab, merkte mir als markanten Punkt eine Kodakreklame, dann ein Kino, ein »German Hofbräuhaus« – Fahnen mit weißblauen Rauten – und ein Geisterhäuschen, das mitten auf einer Verkehrsinsel stand. Es hielt Speis und Trank und Blumen für die unsichtbaren Wesen bereit, um sie gnädig zu stimmen. Ich hatte bereits erfahren, dass der in diesem Land hochverehrte Buddha solche Konkurrenz toleriere.

Die Händler stellten bereits ihre Tische auf und bereiteten den Verkauf vor. Bald würden sie zum Beispiel aus Holz geschnitzte Elefanten, duftende Räucherstäbchen, seidene Tücher, Uhren, bemalte Fächer und Sonnenschirme sowie Schmuck und Kleidung anbieten. Und ich überlegte, was ich alles kaufen könnte, entschloss mich aber dann doch, damit noch etwas zu warten. Aus den Garküchen roch es nach Gebratenem, das in riesigen Pfannen zubereitet wurde – Reis, Fleisch und Fisch.

Plötzlich brach die Nacht an. Ich hatte nicht bedacht, dass es in diesen Breitengraden das ganze Jahr über kurz nach 18 Uhr ohne lange Dämmerung dunkel wird. Also machte ich mich schnellstens auf den Rückweg. Doch im Schein der Straßenbeleuchtung sah alles etwas anders aus. Bis zum Markt war ich 30 Minuten gelaufen. Jetzt war es halb sieben Uhr, also müsste ich um sieben Uhr wieder im Hotel sein. Zwar fand ich das Geisterhäuschen noch an seinem Platz, auch erkannte ich das Hofbräuhaus und das Kino wieder und die Kodakreklame schien mir zu bestätigen, dass ich den richtigen Weg genommen hatte. Doch wo war das Hotel? War ich schneller gegangen oder langsamer? Die Hauptstraße hatte ich nicht verlassen, das konnte ich an den Straßenschildern erkennen, die touristenfreundlich nicht nur auf Thailändisch, sondern auch auf Englisch Auskunft gaben. Auch viele Thailänder sprechen Englisch, nur ich traf jetzt niemanden, den ich hätte fragen können. Für die Bewohner von Chiang Mai war es noch zu früh am Abend. Und noch zu heiß. Dann aber kam mir doch ein junges Paar auf einem Motorrad entgegen. Ich winkte und fragte nach dem Hotel. Sie zeigten in die Richtung, in die ich lief. Nach 15 Minuten tauchte tatsächlich ein Hotel auf, aber nicht das meine. Doch der Portier an der Drehtür verstand, als ich ihm die Gästekarte meiner Unterkunft zeigte, und rief ein Tuk-Tuk. Wie aus dem Boden gestampft stand es vor mir. Ich hatte es vorher gar nicht bemerkt. Ich stieg ein und schon ging es in waghalsiger Fahrt auf und davon. Ich glaubte in einem Kettenkarussell zu sitzen. In Sekundenschnelle schossen mir verrückte Gedanken durch den Kopf. Würde mich der Fahrer auch wirklich zu meinem Hotel bringen? Fahrtweg und Ziel konnte er ja auf meiner unentbehrlichen englisch und thailändisch beschriebenen Gästekarte lesen. Während mich der warme Wind fast aus dem Fahrzeug pustete, fiel mir ein Ereignis aus Bangkok ein, der ersten Station meines Urlaubes. Das Erlebte ließ mich eine der Schattenseiten dieses sonst so liebenswürdigen Landes ahnen:

An jenem Tag hatte ich mich mit einer Mitreisenden – den Stadtplan in der Hand – durch Chinatown gewagt, als uns an einer Straßenecke ein mutmaßlicher Polizist abfing und sich als »Security« vorstellte.

»Wohin?«

»Zum Blumenmarkt.«

»Today closed.«

»Nun, dann gehen wir eben zum Wat Suthat, dem Tempel neben der Großen Schaukel.«

»Nicht gehen, fahren! Ich rufe Ihnen ein Government-Taxi«, verkündete er sinngemäß.

Das hätte er nicht sagen sollen, waren wir doch eingehend instruiert worden, nur mit öffentlich registrierten »Taxi-Metern« zu fahren, die eindeutig an ihrer grüngelben Lackierung zu erkennen sind. Die Government-Taxis standen dagegen im Verruf, die Touristen im günstigsten Fall in eine Einkaufseinrichtung zu bringen, in der sie freiwillig ihr Geld ausgeben. Mitunter sollen die Gäste aber auch in einer Spelunke gelandet und beraubt worden sein. Der falsche Sicherheitsbeamte schrieb dann auch prompt auf einen Zettel für den Taxifahrer »Exportshop für Gold und Thaiseide«. Wir eilten davon und tauchten in einer belebten Nebenstraße unter. Am Abend erfuhren wir von anderen Reiseteilnehmern, die ein Flussboot genommen hatten, dass der Blumenmarkt offen und überwältigend gewesen sei!

Doch heute war meine Angst unbegründet. Nach kurzer schneller Fahrt hielten wir vor meinem Hotel »Empress«, das sich in einer Grünanlage verbarg. Im Dunkeln war ich vorbeigelaufen!

Der Tuk-Tuk-Fahrer verlangte 30 Bat, das waren 77 Cent! Dreimal verneigte er sich freundlich lächelnd mit vor der Brust aneinandergelegten – wir würden sagen »betendenden« – Händen und bedankte sich auf diese Weise für den geringen Betrag.

Der eingangs erwähnte Kandidat hingegen erreichte in besagter Quizshow mit viel Glück noch eine hohe Gewinnstufe und ging mit einer fünfstelligen Euro-Summe nach Hause.

Weihnachtliche Reiseimpressionen

Weihnachten begann für mich in jenem Jahr bereits im Oktober. Nicht weil die Dresdner Supermärkte schon mit Lebkuchen überfüllt waren und die Händler Arbeitskräfte für den Striezelmarkt suchten, nein, es war eine Pyramide, die mich auf das bevorstehende Fest einstimmte.

Ich entdeckte nämlich auf dem Flughafen in Dresden-Klotzsche einen Karton, dessen Form eindeutig auf seinen Inhalt schließen ließ. Die Seiten waren streublümchenartig mit kleinen Tannenzweigen bedruckt. So reiste die Schnitzerei aus dem Erzgebirge im Handgepäck eines Fluggastes nach London, der Stadt, die auch mein Reiseziel war. Der Karton tauchte immer wieder vor meinen Augen auf. So zum Beispiel auf dem Laufband, das Taschen, Kosmetikkoffer und Rucksäcke in den schwarzen Durchleuchtungskasten brachte.

Wenn kein Metall drin ist, werden die Kontrollbeamten nichts sehen, dachte ich mir. Vielleicht würde ihnen warm ums Herz beim Anblick des vertrauten hölzernen Gegenstandes? Aber Gefühle dürfen sie doch ohnehin nicht aufkommen lassen, korrigierte ich mich sofort. Verbrecher werden nicht vor der Entweihung von Kerzen, Engeln und Pyramiden zurückschrecken, und Möglichkeiten zum Verstecken von Rauschgift oder Waffen bieten Weihnachtsgeschenke allemal. Diese Gedanken ließen mich auch Leibesvisitationen, das Aufschrauben von Gehhilfen und die Untersuchung orthopädischer Schuhe entschuldigen, Handlungen, deren Zeugin ich wurde.

Nun, die Pyramide kam unbeschadet wieder aus der Box heraus, gefolgt von meiner Reisetasche.

Während meiner Reise fiel mir die hübsche Schachtel immer wieder auf: beim Umsteigen in Stuttgart, bei der Ankunft am Abend in London-Heathrow.

  Wegen dichten Flugverkehrs über der britischen Metropole musste unsere Maschine in die Warteschleife – und das war gut. Zwar wusste ich schon, welch ein Zauber vom Lichterglanz einer Großstadt ausgehen kann, bin ich doch immer wieder fasziniert vom Anblick der Dresdner Silhouette am Abend. Aber so ein Bild hatte ich noch nicht gesehen. Wie ein riesiges Spinnennetz, in dem die Tautropfen durch Glühlampen ersetzt waren, breitete sich die Stadt unter mir aus, ein in die Ebene projizierter überdimensionaler Weihnachtsbaum! Die Themse erleichterte mir die Zuordnung der Gebäude und Parks, wie ich sie mir vorher mit Hilfe des Stadtplanes eingeprägt hatte.

Plötzlich ging ein bewunderndes »Aaah« durch die Kabine. Bewunderung erfüllte das zum Landen ansetzende Flugzeug: Die Tower-Bridge – ich sollte dies »very known building« später noch genauer kennenlernen: Nichte und Neffe speisten mit mir in einer Hotelbar gegenüber.

Zwischen diesem Erlebnis am ersten Abend und einem unvergesslichen Ausflug nach Windsor, dem Sommersitz des britischen Herrscherhauses, am letzten Tag, dem sich noch eine Tea Time in einem viktorianischen Café anschloss, lagen viele interessante Besichtigungen und Rundgänge.

  Unter anderem besuchten wir auch das bekannte Kaufhaus Harrods. Auch hier waren alle Etagen bereits festlich geschmückt. Und darauf versteht man sich in London. In der Lebensmittelabteilung entdeckte ich Unmengen Christmas Pudding.

  Sofort erinnerte ich mich an meine Schulzeit. Damals bestürmten wir regelmäßig in der letzten Unterrichtsstunde vor Weihnachten unsere Englischlehrerin, sie möge uns doch bitte von den englischen Bräuchen erzählen. Selbstverständlich warteten wir auf den Kuss unter dem Mistelzweig und kicherten, wenn die rundliche und nicht mehr ganz junge Dame diesen mit einem kräftigen Schmatz darstellte. Sicher war es gemein von uns, vielleicht verband Amanda – so hieß unser Opfer – frühere Romanzen damit. Es war bekannt, dass sie in ihrer Jugend einige Jahre in England gelebt hatte.

Aber auch die Bereitung des Plumpuddings, wie der Christmas Pudding wegen seines Pflaumen- und Rosinengehaltes auch genannt wird, durfte in ihren Geschichten nicht fehlen, eine Speise, auf deren Zubereitung in der früher einfachen und überschaubaren englischen Küche große Sorgfalt verwendet wurde. Heute kann man ihn vorgefertigt kaufen.

Natürlich flog ich nun mit einem Glas Christmas Pudding zurück nach Dresden. In der ganzen Adventszeit freute ich mich auf diese für mich außergewöhnliche Speise und stellte mir andererseits vor, wie jene Pyramide, die mich auf dem Hinflug begleitet hatte, in einem gemütlichen Londoner Wohnzimmer weihnachtlichen Glanz verbreiten würde.

Weimar-Epigramm

Klassische Stätte, von Schönheit
und geistiger Größe umwoben.
Stärker doch war das Gefühl,
herzlich willkommen zu sein.

Die Autorin

Gisela Nordmann, 1936 in Aschersleben geboren, studierte an der Technischen Hochschule Dresden (später TU Dresden) Biologie. Als Diplombiologin war sie 30 Jahre in der Industrieforschung tätig. 1980 promovierte sie an der Martin-Luther-Universität Halle-Wittenberg zum Dr. rer. nat. Seit 1991 widmet sie sich verstärkt ihrem Hobby, dem Schreiben, und nimmt regelmäßig an Schreibzirkeln teil. Ihre Texte – Kurzgeschichten und Lyrik – wurden in Zeitungen, Zeitschriften und Anthologien sowie 2006 unter dem Titel »Vertraute Stadt – Begegnung mit Dresden« veröffentlicht. 2009 erschien ihr Gedichtband »Wenn der Sommer geht«. Gisela Nordmann ist verwitwet, hat eine Tochter und einen Enkel und lebt seit 1955 in Dresden.